EMG3-0185
合唱楽譜＜スタンダード＞
STANDARD CHORUS PIECE

合唱で歌いたい！スタンダードコーラスピース

混声3部合唱

時の旅人

作詞：深田じゅんこ　作曲：橋本祥路

••• 曲目解説 •••

中学校の合唱コンクールで人気の高いこの曲は、歌詞の情景や心情を上手に音楽に描写された完成度の高い楽曲です。男声の重厚な響きがクライマックスを盛り上げる役割を果たし、男子生徒ものびのびと歌うことができます。変声期を終える頃の中学3年生には喉への負担も減り、クラス全体で豊かな音楽づくりが可能です。

【この楽譜は、旧商品『時の旅人〔混声3部合唱〕』（品番：EME-C3069）と内容に変更はありません。】

合唱で歌いたい! スタンダードコーラス

時の旅人

作詞：深田じゅんこ　作曲：橋本祥路

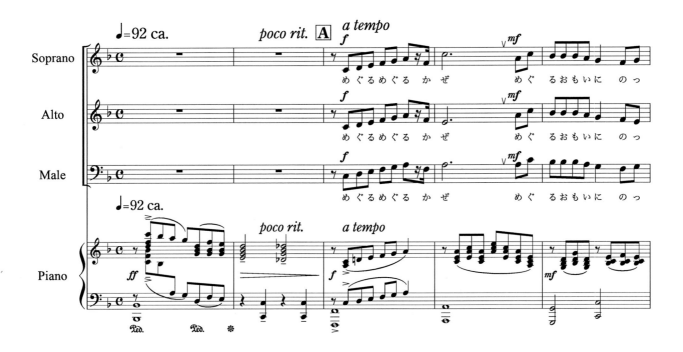

© 1990 by KYOGEI Music Publishers.

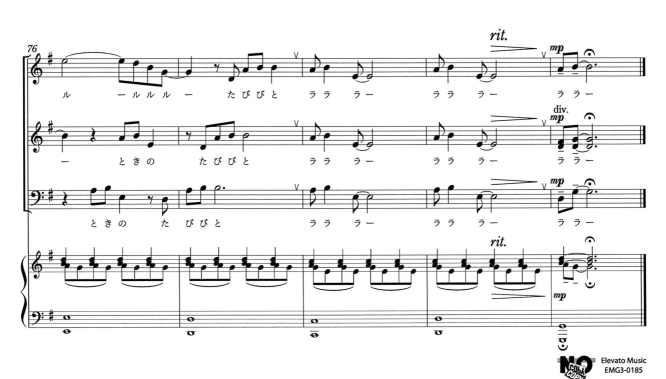

MEMO

時の旅人

作詞：深田じゅんこ

めぐる風　めぐる想(おも)いにのって
なつかしいあの日に　会いにゆこう
ぼくらは時の旅人

忘れかけていた日々
すべてのものが友達だった頃(ころ)
汗をぬぐってあるいた道
野原で見つけた小さな花
幼い日の手のぬくもりが　帰ってくる

やさしい雨にうたれ
緑がよみがえるように
涙のあとには　いつも君がそばにいて
生きる喜びおしえてくれた

今、君といっしょに
未来への扉開こう
あふれる希望をうたおう

めぐる風　めぐる想(おも)いにのって
すばらしい明日(あした)に会いにゆこう
なつかしい明日(あした)に会いにゆこう
ぼくらは夢の旅人
ぼくらは時の旅人

MEMO

MEMO

エレヴァートミュージックエンターテイメントはウィンズスコアが
展開する「合唱楽譜・器楽系楽譜」を中心とした専門レーベルです。

ご注文について

エレヴァートミュージックエンターテイメントの商品は全国の楽器店、ならびに書店にてお求めになれ
ますが、店頭でのご購入が困難な場合、当社PC＆モバイルサイト・電話からのご注文で、直接ご購入
が可能です。

◎当社PCサイトでのご注文方法

http://elevato-music.com

上記のアドレスへアクセスし、WEBショップにてご注文ください。

◎お電話でのご注文方法

TEL.0120-713-771

営業時間内に電話いただければ、電話にてご注文を承ります。

◎モバイルサイトでのご注文方法

右のQRコードを読み取ってアクセスいただくか、
URLを直接ご入力ください。

※この出版物の全部または一部を権利者に無断で複製(コピー)することは、著作権の侵害にあたり、
　著作権法により罰せられます。

※造本には十分注意しておりますが、万一、落丁・乱丁などの不良品がありましたらお取り替えいたします。
　また、ご意見・ご感想もホームページより受け付けておりますので、お気軽にお問い合わせください。